NEW AGE 영상 POETRY

La Stella…

그리움은

아름다운

별이 되어…

국립중앙도서관 출판시도서목록(CIP)

La Stella… 그리움은 아름다운 별이 되어… : new age 영상 poetry / 사진 · 글: 하수빈. — 서울 : 한누리미디어, 2010
p. ; cm

ISBN 978-89-7969-376-8 03660 : ₩19000

한국 현대시[韓國 現代詩]

811.7-KDC5
895.715-DDC21 CIP2010003978

Executive Producer 하수빈 for La Stella Inc.
Author of the Essay **하수빈**
Produced by **Clemens**
Photography by **Kenny Kim, Catherine L, 하수빈**
Ass. Photographer **윤병석**
Technical Ass. **정두희**
Art Direction & Supervisor **JulienGreene**
Ass. Supervisor **Ayoo, Shulie, Wayan, Gadek**
Dresses Designed by **하수빈 for Stella & Co., 윤민희**
Stylist **윤민희**
Ass. Stylist **김진**
Hair Stylist **서일주** for KalaVin Hair Performance
Make up Artist **김윤영**
Art Direction & Designed by **지선숙**
Published by La Stella Inc.
Manufactured & Distributed by **Hannury Media**

Location in Greece, Norway, Sweden, Canada, US, UK, Finland, Denmark, Spain, Czech, Austria, Switzerland, Hungary, Italy, France, Germany, Portugal, Morocco, Poland, Turkey, Bali…

La Stella…

그리움은
아름다운
별이 되어…

한누리미디어

내 삶의 여정 그 곳에서…

그리움이 크면 클수록 그 마음의 완성 그것은 별이 된다고…
오늘도 내 안의 별 Stella… 저 하늘에 멀리 띄운다.
나의 세계를 찾아 떠난 여정… 그 10여 년간의 큰 그리움의 항해를…
내가 간직한 아름다운 사랑의 추억들을…
자연과 환경의 소중함, 무한과 영원 그 위대함을 표현하고 싶었다.
나의 소녀기부터 어른이 되어가는 성숙의 길
그것은 내 삶의 Sailing… 내 마음의 결정체이다.
불멸의 영원함은 그 무엇도 아닌 자연임을…
가버린 영혼은 붙잡지 못한다는 비어짐을 소유치 않는 빈 가슴으로 살아가려 한다.

이제는 사랑의 아름다움처럼 그리움도 같아서 모두 한 모습으로 닮게 할 수 있다고…
사랑의 또 다른 이름 그것이 피워낸 별이라고…
나에게로 돌아오기까지 많이도 버려야 했다.
비처럼 쏟아져 영혼 깊은 곳을 적셔 새로운 날갯짓을 한다.
다시 나에게로 떠나는 여정 그 곳에 내가 있다.
꿈을 향한 자유의 의지를 존중하며 세상 바라기를 하려 한다.
그 모두가 소멸되기 위한 삶으로 치달려간다 해도 내가 숨 쉬는 이유로 오늘의 나를 소중히 안는다.

20여 국 여정 속에서 발견한 위대한 자연, 역사, 건축, 예술, 문화 그 속의 나…
내 눈 속 Focus, 내 영혼 속 자연이 준 감동 그 기억들은 Photograph로 영원히 추억으로 남을 것이다.
이 모든 것은 여러분을 위한 내 마음 내 영혼 내 자신이며 e. book과 서적 출판의 형태로 다양하게 확인할 수 있다.

모든 것을 지나온 후에야 나를 돌보는 나로 거듭나고 있었다.
내 가슴 속 깊은 그리움…
매 순간 가슴 벅찬 하루하루를 준 그 모든 것에 깊은 감사를 전하며…
사랑은 위대했다.
그리고 오늘도 나는 내일의 추억이 된다.

Nov. 2010

하 수 빈

Skei, Norway 맑고 투명한 새벽 호수

Contents

01. The Dawning

Lembongan Island Bali, Indonesia

Contents

02. Through all Eternity

Misty Lake Louise, Alberta Canada

Contents

03. Lake Louise

끝없이 펼쳐진 **The Alps** 대 파노라마, **Swiss**

Contents

04. The Persistence of Memory

01

The Dawning

낭만적인 구 시가 GamlaStan, Stockholm, Sweden

그대를 추억하다

그대가 떠나가고 내 곁에 있지 않아도
여전히 내 안엔 이별이 있지 않네

그대를 다른 세상으로 떠나보냈다지만
그 어느 작은 순간이라 하여도
그대가 더욱 절실히 느껴지네

그대를 추억하다 사라질 이름 될지라도
나 그대
내 가슴에 한 번 떠나보낸 적 없네

세상 모두 쉽게 살아가라 등을 떠미는데
내 눈 감으면 더욱 선명히 그려지는 그대를

그대가 떠나가고 내 곁에 있지 않아도
여전히 내 안엔 이별이 있지 않네

Oia Santorini, Greece

Helsingor 아늑한 초원 Denmark

새벽

어둠의 빛깔을 벗겨
새벽은 푸름 속으로 세상을 물들이고
하나의 깨어나 살아있는 이름이고프다

한 올 하늘거림의 작은 꽃처럼
묵묵히 나의 뿌리를 내리며 살고 싶다

거친 바람이 내 꽃잎을 다 날린다 하여도
가녀린 줄기 힘주어 엉긴 뿌리 내림으로
오늘을 깨어나 살아있는 이름이고프다

_ 너무나 맑고 투명한 호수 빛 Skei Norway

_ Skei 에서 동쪽으로 Nordfjordeid 지나 Alesund Airport 로 향하며

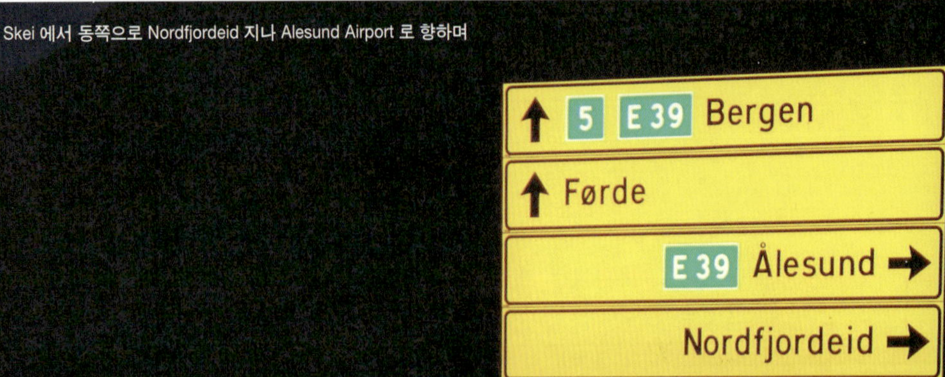

_ Sunrise in kuta Bali Island

해질 녘 Gasvaerkshavnen _

해질 녘 Gasvaerkshavnen _

_ La Tour Effel

A rainy day in Paris (파리엔 비가 와요)

Rainy Paris…
여긴 비가 와 별일 없는 거지
이른 새벽부터 내리기 시작했어
토닥토닥… Pont Neuf 걷다 비에 젖은 Seine 강을 봤어
벌써 오래 전 일인 걸 기억하고 있을까
네가 없다는 게 아직도 너무나 어색하기만 해

뭔가 잘못 된 듯해 그래 믿어지지 않는 걸
너를 모르는 나 다신 만날 수 없는 나
그런 사람 돼야 하니…

Pont Alexandre도 Pont Neuf도 모두 젖어 버렸어
Seine 오늘도 쉼 없이 한 곳으로 흘러가지
My love Oh~ My Valentine… 누가 우릴 멀어지게 했나요…
미워지지 않아 전혀 지워지지 않아 정말 보고 싶어
아랠 향해 어디든 닿을 수 있다면 이 비처럼
끝없이 쏟아져 영혼 깊은 곳을 적셔
이해해야겠지 너 원한 모든 것 이별도 모두 지킬게

It's a misty & rainy day in Paris… 보이니
다른 하늘의 비
다른 향기의 바람이 추억들이 살아가나 봐
하루 종일도 걸을 수 있을 것 같아
내일도 모레도
같은 하늘의 비 같은 향기의 바람도 추억도 갖지 못해

이젠 서로 다른 길을 걷지만
사랑했어 한없이 매일매일 가슴 벅찬 날들
네가 있음으로 세상 모든 게 눈부셨어
작은 무엇이라 해도 잊을 수는 없을 텐데…

모르겠어 무얼 위해 살아가야 하는지
혼란과 공허를 어떻게 채워야 하는지
잘 되지 않는 걸 어려워 그래 두려워
안 돼 너 없이는 안 되는 일인가 봐 처음부터…

Pont Alexandre도 Pont Neuf도 모두 젖어 버렸어
Seine 지금도 쉼 없이 한 곳으로 흘러가지
My love Oh~ My Valentine… 이젠 우연을 꿈꿔야 하나요…
행복했어… 감사했어… 사랑했어… 걱정했어… 변함없이…
소리 내어 누구든 만날 수 있다면 이 비처럼
끝없이 쏟아져 영혼 깊은 곳을 적셔
인정해야겠지 그 오랜 침묵을 기억해 자랑스럽게…

_ 아름다운 파리 전경과 세느 강

_ Pont Alexandre III 알렉산드르 3세 다리

_비오는 Barcelona 낭만적인 오후 Spain

_비오는 Barcelona 낭만적인 오후 Spain

Bryggen Norway

Fira Santorini Greece

Oasis

나:
소리 없는 흐느낌으로 움직임 없는 몸짓으로
나의 온 세상이었을 내 삶의 오아시스 그댈 불러 보네

너:
고단한 내 몸짓 속에서 후회 없이 그리워했지
너무 소중했었기에 또 사랑했기에 돌아섰다면…

나:
숨겨지지 마 사라지지 마 거친 세상 날 버려두지 마

너:
멀리 떠나왔다 믿었는데 시간을 지배한 듯 잊지 못해

지금 나의 길을 오늘도 혼자 걷지만 항상 같은 길을 가는 별처럼 그대를 느껴요
정말 사랑했죠 바보처럼 난 아직도 그댈 믿고 동경하는가 봐요
어떡하죠…

나:
그댈 잃고 나도 잃은 걸 어디도 찾을 수 없네요
우리 헤어지는 게 싫어 마지막 인사도 나누지 못했죠

너:
그대가 그리운 그만큼 또 하염없이 새벽을 걷죠
나의 오직 단 한 사람 눈물이게 했던 무력한 나인 걸

나:
달아나지 마 떠나지 마 깊은 사막 속에 날 두지 마

너:
절실히 널 원했던 나지만 차마 할 수 없겠지 널 갖는 일

나:
고단한 내 몸짓 속에서 후회 없이 그리워했지

너:
나의 온 세상이었을 내 삶의 오아시스 그댈 불러 보네

Tears of Dragon, Lembongan Island, Bali

Mt Kintamani Volcano , Kintamani , Bali Island

기도

지나쳐 버리기 쉬운 사소한 모든 것에 눈을 뜨게 하시고
그마저 내게 커다란 의미로 남을 수 있게
작은 생명의 소중함
작은 기쁨에도 감사할 수 있게 하소서

지나와 보면 아름다운 그 순간 느낄 수 있기에
함께하는 매 순간 최선 다하도록
때 늦은 후회의 눈물
아니 흘리도록 해 주소서

진실이 고여 있는 고운 두 눈망울 잃지 않게 하시고
어둠에 맞서는 비굴하지 않은 정의의 가슴을
작은 목소리라 할지라도
거침없는 큰 감동 남기게 하소서

먼 길을 가는 선상에서 쉽게만 가는 지름길에 있지 말게 하시며
허상은 그저 시듦으로 남게 하시고
사랑으로 흠뻑 젖은 가슴은
돌아올 그만의 안식처로 부족함이 없도록 하소서

Lembongan Island, Bali

Memories

없을지도 몰라
내게 허락된 소유 뭘 갖는다는 것
하늘이 내려준 이 햇살 그 눈부심 같아 변함없어

어디 아프진 않는지 예민하고 순수한 네 성격으로 말이야
결혼은 했는지 의지할 사람 네 곁에 언제나 함께하는지
궁금한 걸 난 모든 게 그대로인데
네가 사랑했던 긴 머리
네가 좋아했던 향기도

약속해
나 어디에 있든지 너와의 그 많은 사랑들을
그 고운 눈빛 그 목소리를 언제나 기억할게
가슴 가득히 안고 살아갈게

뭔가 힘겹진 않는지 쉴 곳은 있는지 따뜻하고 포근하게 말이야
나 아닌 사람 곁에서 편안히 살고 있는지
알고 싶어 난 모든 게 변함없는데
네게 익숙했던 이 길
네게 정겨웠던 추억도

그리워
수많은 시간 흘러도 내 아픔을 감출 수도 있는 지금
큰 가슴으로 살아가고 있어 넌 가려져 있는 듯
어디에선가 빛나고 있겠지

길어진 내 머리만큼 시간 흘러
소리 없이도 나
크게 울 수가 있는 걸
이해할 수 있겠니

약속해
나 어디에 있든지 너와의 그 많은 사랑들을
그 고운 눈빛 그 목소리를 언제나 기억할게
가슴 가득히 지키고 있을게

화산 섬 Mt. Kintamani Volcano, Kintamani, Bali Island

추억살이

오늘을 소중히 안아야 해요
이별이라 이름 부르는 남겨진 이 순간을
나는 사랑해야 해요

그댈 가슴 가득 안음의 대신으로
어느새 익숙해진 혼자만의 길

오늘도 추억살이 하는 내게
그대가 전부가 되어 물결로 가득 찰 때면
아직도 못 다한 말 하고픈 걸

네… 게… 가… 고… 싶… 어…

너와 이어진 길은 외로움 낳는 아픔
내 맘 가득 그리움으로
오늘을 소중히 안아야 해요

Indian Ocean Bali Island

VIKING LINE
SILJA LINE

Silja Line Helsinki Finland

여전히 손이 차요

이별은 사랑의 또 다른 이름
삶의 길 그 곳에서 제일 눈부시게 한다
그리고 눈물짓게 한다
그댈 잊고 살아간다는 그런 말은 내게 없는 걸요

무지개가 피듯 사랑스런 어느 날
차가워진 손을 꼭 잡고 가만히 불어 줄 때면
난 마음이 따뜻해서 손이 차다 얘기했었지
그저 그 따뜻한 눈빛만으로도 온 몸이 녹았던
모든 걸 다 주었던 아름다운 얼굴이었음을

따뜻한 햇살이 내게로 왔을 때
채 가시지 못한 겨울의 찬 기운
그것을 버려둘 수 없기에 아직 봄은 조금 멀다
그리고 내 손은 여전히 차다

Castle Cesky krumlov Czech

Castle Cesky krumlov Czech

_ Staromestske Namesti Prague Czech

Helsinki Finland

한 걸음 더 빠른 길

먼 훗날
그대 하얀 얼굴 어루만지며 기쁨의 눈물 흘리는 날
그 날을 위해서
오늘도 그리움에 조금 많이 아파해야 합니다

그럴 수만 있다면
내게로 한 걸음 더 빠른 길로 인도해 주실 수 있도록
그럴 수만 있다면
내게로 향한 아픔에게 한 걸음 더 가까이 있겠습니다

어제와 같은 오늘도
어제처럼 오늘을 이겨 나가겠다고

우리 함께 가져야 할 행복
내가 많이 행복함으로
혹 네게로 갈 행복이 줄어들까
내가 가질 웃음은 여기까지만입니다
여기까지…

Helsinki Finland

JT-LINE
SUNDMANS
restaurant
SUNLINES
HELSINKI BY SEA
SIGHTSEEING • HELSINKI BY SEA
SUOMENLINNA SVEABORG
HELSINKI BY SEA
SUNLINES
TAXI
LIVE-GUIDED TOURS

_ Kuta Beach Bali Island

_ Nusa Dua Bali Island

Sky Walker (Dedicated to my fans)

어떻게 할까요 난 어떻게 해야죠
이렇게 멀어진 우리
낯선 언어와 낯선 공기 이젠 모두 익숙하죠

왜 추억하나요 쉼 없는 시간 속에
가려진 숨겨진 나를
그대의 마음 그 안에서만 숨을 쉬는 나이던가요

나 홀로 해낼게 모든 걸 완성할게
누구에게도 이끌려 가지는 않을게
여러분을 위한 특별한 선물을 준비할게요
여러분만을 의지할게요
나를 대신하는 꿈을 안고 약해지진 않을게요

나의 길은 혼자 아냐
영원히 내 곁을 떠나지 않을 바로 너인 걸
외로워 않을게 널 지킬 뿐야
널 기억할 뿐야 너의 마음을 믿을 뿐야
벽을 넘어설 힘을 내게 줬으니

모두 떠나가고 엄말 잃은 애처럼
갈 곳을 모른다 해도
저 하늘을 걸어 기억 속의 널 찾아 난 갈 거야

나의 길은 혼자 아냐
영원히 내 곁을 떠나지 않을 바로 너인 걸
외로워 않을게 널 지킬 뿐야
널 기억할 뿐야 너의 마음을 믿을 뿐야
벽을 넘어설 힘을 내게 줬으니
오직 내가 만난 너

The Alps, Switzerland

일상엔 이별이 없다

그 동안 그대와 함께 했던 나는
혼자 척척 할 수 있는 일이 잘 없음을 알았습니다

그 동안 내 눈에 비치고 내 피부로 느껴왔던 그저 좋았다는 느낌의 일들
그 시작의 주인공이 내가 아니었음을 그대를 잃고 나는 압니다
사소한 작은 일마저 우습게도 어려움에 부딪힐 뿐
자꾸 그대가 떠올라 목이 멥니다

그럽니다
새로운 사람을 만날 때마다 낯선 공기가 숨을 못 쉬게
익숙하지 않은 사람은 멀리 하라고 말이죠
그럴 때마다 그대와의 사랑을 그 눈빛을 다시금 기억합니다
나를 지켜주던 그대만의 사랑 그 안에 내가 있었을 뿐
이제 나 혼자 하기란 모든 것이 다 서툽니다

내가 살아 숨 쉬는 그 어떤 일상에도 이별은 없습니다
그대의 미소가
그대의 목소리가
그대의 눈물이
그대의 향기가
나는 아직 이별을 모릅니다

_ Jimbaran , Bali Island

Fira Santorini , Greece 아름다운 해안과 화산섬

삶 속에서

내가 아기였을 땐
엄마의 따뜻한 가슴에 내 모든 세상이 있었고
아무 말 하지 않아도 커다란 내 눈망울엔
평화와 자유가 숨 쉬었다

나이기 전
난 대체 무엇이었을까?
거울 속의 난 진정 실제의 나일까?
내 소녀기의 시작은 이렇게 시작되었다

나의 존재가 더 이상 내가 아닐 수 있을지 몰라
왜 난 나일 수밖에 없는 걸까?
여기 이곳에서 내 몸이 자라고
지금 이 시간 속에서 내 정신이 커간다

난 왜 여기 있고
시간은 지금 이대로의 나와 함께 하는가?
수많은 하늘의 별 중 난 여기에 머무르며
저 하늘 끝엔 얼마만큼의 별이 더 있는 걸까?
이렇게 살아가는 게 꿈은 아닐까?
난 너무도 새벽 별을 사랑한다
내 꿈과 소망이 커 가는 소리를 들은
나만의 별이기에

_ 키클라데스 제도 Greece

_ 작은 예배당 Santorini, Greece

_ acropolis Athens, Greece 바위 속에 핀 꽃

_ 아티카 반도 끝에 핀 선인장 Greece

아름다운 Malaga 시내전경과 지중해, Spain

St. Regis Resort Nusa dua, Bali Island

_ Legian Beach, Bali Island

La Stella

영원한 건 없나요 변함없는 건 없을까요
달라지지 않는 건 있지 않나요 그런가요
나 하지만 그대의 그 맘을 믿는 걸요

사랑해요 아나요 Oh~ 그대 Ti Amo
언제라도 넌 그 별 지키는 바다 Il Mare
영원해요 아나요 Oh~ 그대 Ti Amo
외롭지 않게 바달 비춰주는 그 별난 La Stella

답답했던 관념들 자유 찾아서 떠나요
여기저기 여정 속 Venice Vienna 아름다워요
나 하지만 그대의 눈빛을 믿는 걸요

얼음 속에 갇혀 버린 시간처럼
만일 계절이 나를 남기고 가버린대도
예쁜 기억 속의 그댈 찾아 갈게요 그 어디라 해도
따뜻한 마음 따뜻한 눈을 줄게요

I'll always be right here for you Oh~ Sweetheart I love you
널 만나게 된 그 사실에 감사할 거야
I'd love to spend my whole life through Oh~ Sweetheart I love you
완전하게~ 그 언제라도 빛을 주는 La Stella

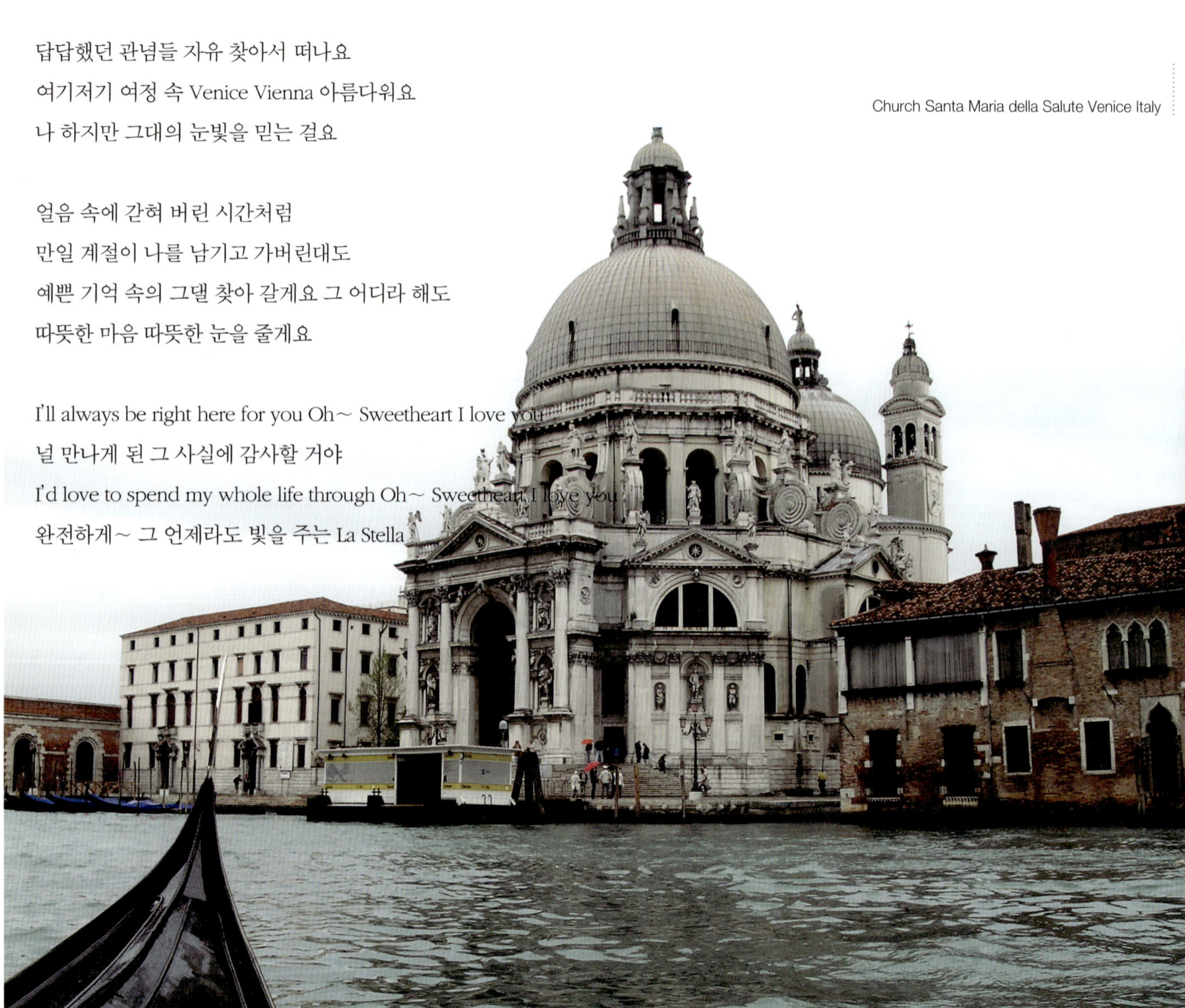

Church Santa Maria della Salute Venice Italy

_ Piazza di San Marco Venice Italy

Legian Beach, Bali Island

Napoli Italy

Helshinki Harbor, Finland

르네쌍스의 서막을 연 곳, 토스카나 주 Firenze Italy

후 (後)

나 이렇게 외로움을 배우고
그대와 나 함께였음을 알게 되었네
그대를 잃고서야
그대 내 사랑이었음을 알게 되었네

모든 것을 다 떠나보내고서야
그대의 자리가 이렇게도 컸음을 나 알게 되었네
추억 속에 너무나 많은 그대가 살아있기에
진정 지금 하나의 그대가 없음을 나 알게 되었네

피렌체를 가로지르는 아르노 강 Ponte Vecchio 걷고 있었지
단테가 사랑한 베아트리체처럼 처음 만난 운명의 그곳에서
그댈 만나듯 그댈 추억하지

멀리 Duomo, Piazzale Michelangelo Firenze, Italy

Piazzale Michelangelo에서 바라본 Firenze

Ponte Vecchio, 아르노 강

Piazza della Signoria, Palazzo Vecchio, Firenze

Regent Street London UK

Gravity

나는
너에게로의 이끌림
너만을 향해
너만을 당기는
그런 나라에 살고 있어

네게서 잠시도 떨어지지 못해

02

Through all Eternity

Bergen Norway

4月의 은파(銀波)

달빛으로 아름다운 오늘
그대에게 가고파서
나는 은빛 파도가 돼요

물결치는 파도를 건너
찬란한 저 편으로
그대가 있을 것만 같아

내 그리운 그대의 나라
그대와 나 은파(銀波)를 사이로
하나가 되어야 해요

그대 어두운 두 눈은 커다란 광명으로
만약 나를 알아 볼 수 없다 하여도
눈부시게 그대에게 가야 해요

Padang Padang Beach Bali Island

Cliff Uluwatu Bali Island

Through all Eternity

시간을 지배하는 듯
이렇게 오랜 시간 변함없는 사랑을 제게 보여주시는 여러분
제 마음 깊은 곳에서 우러난 감사를 전합니다

여러분은 제가 음악과 함께 하는 이유이며
제 삶의 공기입니다

나에게로 떠나는 여정
그 곳에서…

Through all Eternity…

May 3rd …

Lisa at the Studios

우윳빛 추억

우윳빛 미소에
너의 마음 모두 담긴 것 같아
무슨 말을 하려 했니
들으려 해도 알 수 없는 너만의 이야기로
하지만
너의 마음 모두 알 수 있는 걸
내게로 향한 너의 모든 것을
서로를 지켜주는 고운 눈망울이 되어
추억을 엮어가지

Kronborg Castle Helsingor Denmark

Angel

Oh lovely day It's a lovely day Now that we're together at last
Time after time you were there for me 천사처럼 너무나도 예쁜 너
And in your eyes I always find my angel
My lovely angel inspires me 다가와 내 손을 잡아줘
기억해 두렴 너만을 사랑해

잊진 않았지 이만큼 멀리 있어도 그래요 우린 서로 다른 시간에 살아요
감사할 뿐이야 지켜온 그 사랑에
부족한 건 아니야 늘 가까이 함께 있지 않았어도
그대가 보여요 그대를 느껴요

나를 꼭 안아줘 다시 또 태어난 거야
함께할 이 날을 기다렸었지
사랑해 너만을 끝까지 기억할 거야
자랑스럽게 아름답게 지킬게

알았던 거야 다신 못 만난다고
그랬죠 우린 헤어짐 속에 멀리 살았죠
다 잊혀졌다고 하지만 아닌 거야
이젠 나를 받아줘 소중한 너
우리 다시 시작해 봐 후회 없이 사랑해

Oh lovely day It's a lovely day Now that we're together at last
Time after time you were there for me 천사처럼 너무나도 예쁜 너
Close my eyes and you'll be my angel
My lovely angel inspires me 다가와 내 손을 잡아줘
너를 사랑해 그리고
Thanks for everything

감동

슬플 만큼 아름다운 너
찬연한 순간 눈부신 너
한 떨기 백합보다 고결한 너
솜털보다 따스하고 고운 너
내 모든 전부인 너

너를 세상 모든 아름다운 말로 표현해도 끝이 없다는 걸 알아
넌 이미 내겐 감동이었다

_ Frederiksborg Castle Hillerod Denmark

Gibraltar Tanger Morocco

Summer Vacation

눈부신 햇살 가득한 오늘은 Summer Vacation
투명 glass 가득한 iced tea 창문 속엔 하늘 흰 구름이 뭉게뭉게

7월의 바람이 부러워요
자유롭게 가고 싶은 곳은 다 가볼 수도 있는 거잖아요
또 혹시 나의 그댈 만난다면 그 얼굴 만질 수 있잖아요
난 할 수 없는 일인 걸요
그댈 타고 온 바람인가요 내게 불어줘요

소릴 잃은 내 피아노 이 외로운 Summer Vacation
해만 보는 해바라기 또 너만 그리워하는 나는 어떡하죠?

7월의 바람이 고마워요
가끔씩 더위도 잊게 돼요
추억하는 사람의 눈물도 말려 줄 수 있는 거잖아요
저 멀리 나 날고 싶어요
그댈 찾아간 바람인가요 나를 안아줘요

가늘어진 내 몸 깊이
가득 찬 아픔이 너무 무거워 하지만 너만을 난 기다릴게
많은 시간이 지나도 네게 부끄럽지 않게 나 잘 지내고만 있을게
그럴게요 안심해요

7월의 바람이 부러워요
저 멀리 나 날고 싶어요

하루해가 저물어요
이 외로운 Summer Vacation
사랑해요 언제라도 내게 다시 돌아와줘요
꼭 약속해줘요

Dream Beach Lembongan Island, Bali

Happy Birthday

쉽겐 하지 않았지 사랑이라는 그 말
너에게만 꼭 들려주고 싶었던 거야 누구도 아닌
우리 가장 아름다움으로 가장 눈부심으로
그 순간이 있었지

이만큼 멀어져 버린 1년 전 연인인 걸
아주 가깝지도 아주 멀지도 않은
기억하니?
지난 바다 여름 생일 파티 아름다웠던 그 날들
우릴 위한 친구들 우릴 위한 기도
우릴 위한 태양 우릴 위한 달빛

날 향해 있던 너
이젠 Candle light만 나와 함께 하지
네 생일날인데 오늘 내 기도를 달빛에 전할 뿐

하루가 또 지나가면
네게 더 가까이 간 거니 정말
알 수 없지만 네게로 자꾸만 흘러가는 거라고
알 수 없지만 그 날 언젠지 어제보단 더 네 곁이라고

오늘도 아픔에 남겨진 나만이 더욱더 크게만 보이는데
아픔에

Happy Birthday…
사 랑 해…

Jimbaran Beach Bali

The Indian Ocean

Jimbaran, Bali Island

Iris Garden

그대 그대만을 생각해 오늘도 어제처럼
다른 무엇은 내 눈에 있지도 않음을
내 귀에 들리지도 않음을
나와 같은 한 사람 그 손을 잃고
얼마나 난 거친 파도를 이겨내야 했는지

그댈 만나 다시 내 삶은 시작되었죠
다시 사랑할 수 있음을 우린 배웠죠

얼마나 기다렸는지 그댈 사랑한 만큼 너무 아팠었네요
행복했던 그만큼 너무 그리웠네요
오늘도 꽃에 물을 줘요 향기를 피워요
우리 사랑한 아이리스 꽃을 찾아 언제라도 오면 돼요

다시 꽃들은 피고지고 계절을 말해 주는 내 오랜 여정으로
모든 것은 Full Cycle 그것처럼 제 자리로
운명처럼 사랑하도록 맺어진 사람 찾게 되었었죠

그댈 알고 다시 난 태어났던 거죠
내 삶의 안식은 그대였어요

영원히 그댈 사랑해 절대 후회 없어요 너무 행복하네요
아파했던 그만큼 너무 소중하네요.
오늘도 바다를 만나요 기도를 전해요
우리 함께한 지난 바달 찾아 언제라도 오면 돼요

생각보다 훨씬 많이 두려웠죠
절실한 그대 필요했었죠
지켜주세요

얼마나 기다렸는지 그댈 사랑한 만큼 너무 아팠었네요
행복했던 그만큼 너무 그리웠네요
오늘도 꽃에 물을 줘요 향기를 피워요
우리 사랑한 아이리스 꽃을 찾아 언제라도 오면 돼요
여전히 여기 난 있죠

Butchart Gardens Victoria Canada

엄마를 닮은 바다

바다에 가고 싶어
잃어버린 몸짓이 아파
나에게 오라 손짓하듯 물결치는 바다에 가고 싶어

묵묵히 내 시선을 인정하며
날 안아 줄 것 같아
한결같은 출렁임의 따뜻한 목소리가
날 감싸 줄 것 같아

돌아가고픈 길
엄마의 양수를 닮은 눈부신 바다
사랑의 이름으로 감싸주던 생명의 안식처

끝없는 물결로 품고서
흘러 내리는 젖줄로 그 모든 건 존재했지
눈부신 지구의 어머니 바다…
물결이 안아주는 바다에 가고 싶어

Cape Sunion Aegean Greece _

_ Trollstien Andalsnes Norway

사랑한 후에

무슨 말을 한 거야 꼭 이래야 했던 거야 오직 너를 너만을 사랑하면서
그 무언가를 얻으려 버린 건 아냐 또 다른 사랑을 위한 이별 또한 아닌 거야

너무도 사랑했었지 그 동안 나만을 위해 그것이 사랑인지조차 몰랐던 날 미워하렴
나의 눈물로 너의 맘 너무도 많이 적셨었지 사랑한 그만큼 넌 아팠었는데

후회하게 될 거야 지금 이 모든 모습을 네가 보고파 견딜 수 없을 것 같아
그 무언가를 얻으려 버린 건 아냐 또 다른 사랑을 위한 이별 또한 아닌 거야

날 위한 사랑 이 세상 너뿐인 것을 이젠 알아
떠나온 후에야 날 미워해 줘

숨겨진 아픈 두 눈을 숨겨진 아픈 한숨을 알지 못했지
그 동안의 시간이 다시 널 행운으로 지켜주길 바랄 뿐야

이젠 더 힘들지 않아 내가 없는 이곳에서 그 동안 너의 자리 지켜준 너 고마울 뿐야
날 위한 사랑은 이 세상 너뿐임을 이젠 알아
떠나온 후에야 날 미워해 줘
날 미워해 주렴

Geiranger Fjord Norway

Nyhavn Copenhagen Denmark

날 대신하기에 충분한 그대

나 이제 그댈 내 맘 속에 깊이 남겨 두려 하네 다시금 내게 돌아오지 않을 안녕으로
날 채우고 있는 그대 모습을 더 이상은 이제 지킬 수 없다는 걸

그저 나의 위로를 위해 그댈 만난 건 아니었어
더런 그리워하겠지만 슬퍼하지 않아

조금씩 여윈 새벽 별을 지켜보고 있었어
그대 느낌을 잊을 것 같아 두려웠던 거야
날 대신하기에 그댄 충분해
사랑했었다는 말을 힘없이 하고 있어

그대 모습 바라보던 날들이 내겐 전부였어
가슴 아픈 헤어짐 뒤로 추억만 남겠지
그저 나의 위로를 위해 그댈 만난 건 아니었어
더런 그리워하겠지만 슬퍼하지 않아

Copenhagen harbor Denmark

카사블랑카 (웅대한 사랑)

바람이 네 손길 같아 내 머릴 만져 주는 듯
무엇도 쥐어지지 않는 내 빈 손을 펴주고

우윳빛 네 고운 얼굴
너의 그 목소리가 담겨진 듯한 꽃 카사블랑카
잠든 네 얼굴 같아

어떤 아픔이 와도 너와 함께면 괜찮다고 두렵지 않아
그 먼 훗날 나 마지막 그 순간이 찾아와도
난 네 품 안일 텐데

눈부신 하늘이 너의 두 눈에 옮겨져 왔을 때 나는 알았네
살아가는 이유 그것을
시간이 흘러도 기억하고 있을까
네게 가고픈 나를

우윳빛 네 고운 얼굴
너의 웃음소리가 담겨진 듯한 꽃 카사블랑카
날 부르는 것 같아

더 깊은 어둠으로도 가려지지 않는다는 걸 나는 알았네
빛나고 있는 너 그 눈부심을
더 멀리 멀어질수록 더 가까이 있을 뿐
나의 태양인 너

곁에 있지 않아도 이별은 없어 너를 안고 싶어 네게 가고 싶어

눈부신 하늘이 너의 두 눈에 옮겨져 왔을 때 나는 알았네
살아가는 이유 그것을
시간이 흘러도 기억하고 있을까
네게 가고픈 나를
네게 가고 싶어…

모두 기억할게 그 작은 무엇이라도…
나는 그럴게…

_ Dream Beach Lembongan Island

_ St. Regis Resort 화보 컷 중에 그리고 Lembongan Island Bali

Lembongan Island Bali

침묵으로 고백하기

늘 함께 있지 않는다 하여 그 사랑이 부족한 것은 아냐
그대의 후광까지도 눈부셔 할 수 있을 만큼의 거리에 와서야
내 두 시야가 크나큰 사랑을 담고 있는 걸
멀리 되어 바라봄에 사랑이 보인다는 걸

진정 사랑함엔 그 흔한 사랑의 말이 필요치 않음을
침묵으로 고백하기
오늘도 사랑을 달빛에 전할 뿐

Oia Santorini Greece

8月부터 8月까지의 꽃과 꽃씨

너의 고운 눈망울에 이슬이 맺힌 듯 탐스러운 꽃송이가 너를 닮았지
새 생명의 시작을 알리듯 머금는 이슬방울
그건 너의 눈물

푸르른 8月의 녹음 속 여름 벌레들의 지저귐을 보고
꽃송이 바로 네가 속삭이는 듯해

드높은 창공으로 새들이 날으고
목 빼고 지켜보는 어느새 키 커져 있는
꽃송이 바로 네가 노래 부르는 것 같아

눈부신 햇살님
여운만이 가득한 바람님
오늘의 어둠을 알려주는 정겨운 달님
그 어둠 속에서 더 빛나고 마는 아름다운 별님

모두 함께 외롭지 않아야 해
훗날, 그 어느 것 하나 벗해 주지 않는 날이 온다 하여도
나는 네 곁에서 널 지킬 거야

탐스러운 꽃송이 바로 네가 아주 안녕을 한다 하여도
네가 남긴 꽃씨로 영원할 것이란 걸

다음해 8月이 되어 너를 꼭 닮은 어린 꽃송이
또 하나의 새로운 생명의 잉태로 난 엄마가 된 듯하겠지

너와 동일한 사랑을 주며 아프지 않게 키울게
이름도 지을게
"사랑"

Kronborg Castel Helsingør Denmark

Dream Beach Lembongan Island, Bali

SILJA SYMPHONY
STOCKHOLM
9

Mannequin

늘 많은 시선이 나를 향해 있어
난 항상 같은 곳을 주시할 뿐
떨구지도 못할 내 시선은 누굴 위함인가?
생기 없는 피부 가는 매무새의 감추어진 그늘
창백한 내 몸은 너무도 차가워

치장되어 내 것이 아님이 있고 내 의지란 없지
날 위한 영원한 시선이 아닌 그저 잠시일 뿐
다시 드러나는 벌거숭이
평가가 주어지고 선택되는 배경이 돼야 해

밤이 드리워져도 피할 수 있는 시선을 갖지 못했어
감고 싶어 두 눈을
오늘도 그 곳에 서 있었어
이젠 정말 쉬고 싶은데

03

Lake Louise

Djurgarden Stockholm Sweden

고 백

Sergelstorg에서 회토리에트 광장까지 거닐었지
성당에서 기도를 마치고 여느 때처럼 마음이 푸근해지는 옛 거리 Gamla Stan…
아니? 얼마나 보고 싶었었는지를
애써 들으려 했었지만 소리 없는 너만의 침묵을 어떻게

아니? 의지할 곳 없던 나의 어려움들을
너 없이는 단 하루도 살아갈 수가 없었다는 걸

기억해 줘 모두 다 받아들일게 사랑으로 날 감싸 안고
네게 안겨 보던 그 아름다운 세상 또 찾아왔다고 말이야
이젠 다시 헤어지지 마

쇠데르말름 섬에서 Stockholm을 스케치하며…

_ Stalheim Norway

노르웨이 숲

버리고 싶었었지 이해할 수 없는 현실을
더욱 날 가두려 했어 깊은 외로움 속의 비밀처럼
내 모든 꿈과 내 세계를 찾아야 해 그래 다시 이젠 되돌아갈 거야
눈이 부시도록 푸르른 영혼으로
그 얼마나 애타게 자리하고픈지
그곳으로 돌아가고픈지 이제는 말할 수 있어
널 내게 보내준 이 세상에서 너와 함께라면 할 수 있어

Just for you~ I'll do anything & everything
눈부신 세상 I'm sure we can work it out
차가운 비를 맞아도 무지개를 먼저 떠올려 나 지금 이렇게

벗어나고 싶었지 움직일 수 없는 정체를
숨이 멎을 것 같았어 상실 그 고뇌 속의 갈등처럼
나 이젠 다시 깨어나 인정해야해 내 안엔 많은 게 변화하고 있어
내 마지막 푸른 영혼의 힘을 모아
걸을 수 있는 움직임으로 그 얼마나 함께하고픈지…
그곳으로 돌아가고픈지 이제는 말할 수 있어
널 내게 보내준 이 세상에서 너와 함께라면 할 수 있어

가끔은 힘겨운 날도 있겠지 때로는 혼란도 찾아오겠지
내 마음 내 영혼 내 모든 것 널 위해 나누고 싶은걸
오늘 베르겐의 아침은 너무나 아름다워 흠뻑 젖은 이 안개마저도

Absolutely… All I ever need is here in your arms
Baby I'm sure we can work it out
지나는 바람마저도 따뜻하게 느껴지는 걸 나 지금 이렇게
오늘 솔베이지의 노래를 부를 거야
그리크를 추억하며…

Bergen에서의 아침을…

_ Rondane Otta Norway

Inngang 3.4.5
for enkeltreisende
Entrance 3.4.5
for individual passengers
Eingang 3.4.5
für Einzelreisende

4

4
5
FLÅMSBANA
20 km long
20 tuneller
capolavoro di ingegneria

나

어느 슬픈 기억쯤은 그댈 보면 잊을 것만 같아
내게 남은 두려움의 시간들은 멀어지네 알 수 없는 그 곳으로
세상 모습 변해 가듯 닮아 버린 내게 실망도 하지
이젠 슬픔 속에 길들여진 커져 있는 나를 다시 돌아봐

때론 나약함을 고민한 적도 꿈을 잃어버린 적도
작은 일에 슬퍼하던 여린 두 눈이 있었지
변해 가듯 닮아만 가는 무뎌짐을 느끼지만
그대 안의 내 모습이 가장 나다움이란 걸 알아

Fira Santorini Greece

Flexure St. Laurent, Lower Town Quebec Canada

나를 에워싸고 있던 모든 일에 자유롭고 싶었어
언제인가 세상일이 동화처럼 아름답기를 꿈꾸던 기억들

내게 가까이 누군가 말을 걸었지
그 영국인은 나를 프렌치계 일본인으로 보았지
낯선 곳에서 이방인의 친절함은 가끔 정겹기도 해
공통된 화제를 취하려 쉴 새 없이 말을 건네는 푸른 눈
역시 Brit Pop 오늘도 이것으로 많은 질문이 오고 가네
동화처럼 예쁜 Santorini 석양 안에서…

Salzkammergut Austria _

_ Oia Santorini Greece

Jimbaran , Bali Island

무인(無人)의 산책

소유하려 하지 말자
아무것도 담김 없는 백지처럼

그 어떤 것도 애써 붙들려 않기
그저 그 아무것도 없음으로 충분한 장식이 됨을 기억하자

삶을 산책하듯 여유로운 발걸음으로
날 위해 벤치가 되어주며 호수를 닮은 눈망울로 세상을 보자

숨을 쉬고 있다는 것만으로도 흔적은 남긴 거니까
무소유는 이미 소유였다

Costa del Sol Malaga, Spain

Riddarholmen에서 Stadshuset 를 바라보며 Stockholm Sweden

Helsinki Harbor Finland

9月의 비

우산 없이 걷고 싶어
습한 가슴 때문에 얼굴을 가려 주듯 줄을 타는 눈물이
온몸을 적셔야만 한다는 빗물이 그저 구분이 없지

언젠가 9月의 그 날처럼
내게 조금 더 우산 씌워 주려고 네 어깨는 다 젖어야 했지
그 비마저도 따뜻하다고 고운 눈빛으로 웃고 말던
젖은 네 모습이 지금의 나와 닮아 있다

오늘의 비가 너와 나를 이어주는데 끊어질까 내 눈물마저 함께하지

Next departure
Helsinki Sightseeing
KING
HELSINKI
DORIS
DORIS

PALACE
TAXI
CARDINAL MARINE CHARTERS
LIVE-GUIDED TOURS
14€

비오는 날 Copenhagen 거리 Denmark

덴마크 왕립극장 앞에서, 비오는 날 Copenhagen 거리 Denmark

Helsinki Downtown Finland _

Speaker's Corner 로 향하던 중에 London UK

아지랑이 빛 코끼리

Hyde Park London UK

늘 그 자리 한결같은 모습에 넌 항상 내 시선을 빼앗지
형태가 없는 넌 내 눈 속 상상의 자유를 주고
세상 특이한 모양이 다 될 수 있단다

벽 한 모퉁이의 아지랑이 빛 코끼리 무늬
너의 몸 속엔 아직 나의 4살 적 기억을 간직하고 있구나
도무지 알 수 없었던 깨알 같은 글씨

「비 . 틀 . 즈」

97St. Transverse Rd. Upper Manhattan

Padang Padang Beach, Bali Island

제 가슴은 여러분의 사랑으로(A Letter from Canada)

이렇게 먼 거리가… 이렇게 지나온 시간이…

왜 저를 잊지 않으셨나요?
이렇게 멀리 여러분 곁을 떠나 버린 저를…
왜 아직도 추억하시나요?…

여러분들의 아름다운 마음이 제 일상에 너무나 크고 커다란 용기가 됩니다.
너무나 감격스럽고 감사합니다.
사랑합니다…

음악 속에서 이렇게 숨 쉴 수 있는 이유는… 여러분입니다…
많이많이 보고 싶고 저 또한 많이 그립습니다…

제 가슴은 여러분의 사랑으로 충만하고
이렇게 벅찬 하루하루를 주시는 여러분을 영원히 기억하겠습니다.
제가 어서 돌아오길 기도해 주시는 여러분…
알고 있나요? 저 역시 여러분을 위해 하느님께 언제나 기도한다는 걸…

여러분 곁을 오랫동안 떠나 와 있었지만
제 삶은 무대가 아닌 또 다른 환경 속에서 숨쉬며
자연 음악 회화 건축… 이 모두와 함께 지내 왔었습니다.
모두를 인정해야 합니다… 이 그리움의 크기를…
여러분을 한순간도 잊은 적은 없었으니까요…

이해할 수 있나요?
너무 많이 사랑해도 이별할 수 있다는 걸…
너무 많이 사랑해도 이별할 수 있다는 것을…

고마움과 사랑을…
여러분과… 나의 하느님께…
바칩니다…

A Letter from Canada…

Burrard Inlet Vancouver Canada

Love in October

내가 흘려 보내는
눈 속 마르지 않는 강물로
노 저어 내게 오긴 너는 힘들다

멀어지는 너의 작은 뒷모습
하루하루 밟아 버린 숱한 너의 길로의 발자국만큼
뒤돌아서 내게 오긴 너는 너무도 멀다

떠나 보낸 많은 겨울만큼
추억의 향기 맡으며
나의 문을 두드리기엔
너의 세상 숨 가쁨으로 내게 오긴 너는 힘들다

Sognefjord Norway

_ Mydal의 물 빛 Norway

_ Flam 웅장한 산 전경 Norway

달라져 가요

머나먼 너의 나라
그저 아득해서 내 눈에 있지도 않은 곳으로
너는 흘렀지

이제는 몰라보게 달라졌다고
차가워진 바람은 눈물 많은 나를 말려 줄 수 있고
어두워진 밤하늘도 외로움의 친구가 될 수 있다고
모르고 살았던 구석진 그늘도 알아보는 눈이 밝다고

어울리지 않던 어색한 말들이 내 작은 수식어가 되지
모든 것과 어울리는 유연성인 걸…

그대 내 곁에 있어줬다면 지금쯤 그 어떤 말이라도 해줬을 것 같은데
다시 만날 땐 말없이 꼭 안고만 있고 싶어
아무 일도 없었다는 듯 웃는 얼굴로 내게 찾아 올 것 같은 밤인 걸…

지금 이렇게 후회는 없는 거라고
오늘도 이별을 넘어 영원히 널 사랑한다고 얘기해야 할 것 같아

FLAM HAVN 항구에서 Norway

Salzburg의 아침 Austria

기다림의 정원

난 안다
하늘과 너무도 멀리 추락함은
소멸되어 가는 것이 세상에는 잘 보이지도 않음인 걸

모든 모순 속에서
들리지도 않는 아우성

이젠 더욱 선명한 눈으로 한 걸음 더 가까이 세상 바라기를 해야 해

기다림의 길은
시간을 펴고 눈물을 붓고 아픔의 꽃을 피운 습한 정원인 걸

나의 길을 되돌려 받을게
세상을 향해 눈을 뜨고 잃어버린 나를 찾아야 해
나를 돌아보며 찬란하게 눈부시기 위해서

Roma에서도 북쪽의 Rome Salzburg에서도 나의 길을 가지
Festung Hohensalzburg에서 모차르트가 연주하는 듯
아주 오래 전 그 파이프 오르긴을 보았지
믿음 소망 사랑 과거로의 추억으로
레오폴드 궁에서의 아름다운 고백처럼
에델바이스를 부르며 Mirabell Garten의 마리아가 돼

습한 가슴은 Granada의 그 따뜻한 태양처럼 닮게 해야 해

멀리 호엔 짤츠부르크 성 Festung Hohensalzburg _

Mirabell Garten 미라벨 정원, Austria _

_ Salzburg의 아름다운 전경 Festung Hohensalzburg, Salzburg Austria

_ 호엔 짤츠부르크성 Festung Hohensalzburg
Old Town에서 가장 높은 곳에 위치

게트라이데 거리 9번지의 Mozart 생가, Austria _

CAFE DE INDIAS
VISIONLAB 
VISIONLAB
VISIONLAB

_Granada downtown Spain

별이 된 새

나뭇가지 사이로 조각난 하늘이 아파
거짓 없는 영혼의 생명수를 내리려 아래로 시선을 떨어뜨리면
위선과 탐욕의 가면을 쓴 허울 좋은 살덩이들로 혼란스러워

고독이 온몸으로 찾아들 때 비로소 눈을 뜰 수 있네
더 없이 내가 잘 보이는 걸

조각난 하늘로 한 마리 새를 날려야 해
어둠의 자리를 날아 빛나는 별이 돼
그건 내 안의 Stella
내 안의 Stella

Dolmabahce에서 Bosporus를 바라보며…

Tears of Dragon Lembongan Island Bali

_ Bosporus Istanbul Turkey

그리움을 숨겨둘게

Prague의 밤은 참 아늑해
너를 향한 보고픔 조금 숨겨 두는 것일 뿐 멀어진 게 아냐
그 누구도 내 마음 알아볼 수 없도록 살아가고 있어
놓쳐 버린 내 삶에 한 걸음 더 충실하기 위함이야
이젠 아픔의 시간을 멀리서 지켜봐

오랜 듯 가끔 꺼내보는 너와 나 예쁜 웃음처럼
늘 한결같다면 말이야

소리 없는 끄덕임을 짓고서
그 무엇도 잡으려 않는 빈 손이
채우지 않으려는 빈 가슴이
더 없이 아름다울 뿐임을 이제 알아 버렸다는 걸

The Aegean Sea of Cape Sounion, Greece

Mangrove Forest, Lembongan Island Bali

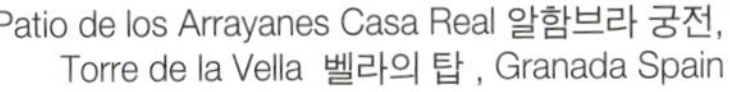

Patio de los Arrayanes Casa Real 알함브라 궁전,
Torre de la Vella 벨라의 탑 , Granada Spain

사랑은 생명이었음을

너의 향기가 느껴지고 곱게 감겨진 두 눈이 들어와도 더없이 외로울 뿐이었단다
혼자로 남겨진 것보다 지금 너를 만질 수 있다 하여도 모든 것이 낯설기만 했단다

우린 이미 용서 없는 나라에
네 목소리로 듣게 될까 두려웠어
그냥 잊혀지는 거라고

이젠 네 곁을 정말 떠나야 할 때
기억해 줘
쉽게 사랑을 표현했던 건 아니었어
이별 앞에 사랑은 더없이 아름다웠다고
힘겨움에 한없이 눈물겨웠다고
그리고
사랑은 내게 생명이었음을 말하고 싶어

Lake Louise Banff Canada

Lake Louise

가끔씩 너와 닮아 있는 얼굴을 지나와야 할 때
훌쩍 달아난 계절 뒤 남겨진 보고픔이 쓸쓸히 바래

시간은 날 다스리고 내맡겨진 내 영혼은
자아를 찾아 내게로 돌아오게 하지

텅 빈 호수 그것은 나
그 무언가를 채우려는 기운마저도 헛된 소유의 이름일 뿐

혼자만의 Lake Louise
그 여백이 눈물 나도록 아름다울 뿐임을

이 세상 내게 허락된 소유란 몰라
그저 그 나날이 나에게로 나를 보내려 하지
이제는 내가 중심에 서야 해

정말 안녕

눈물겹다 견딜 수 없이
수많은 시간의 고갯짓도 이젠 어쩔 수 없지
우리 이어진 끈을 이제는 놓아야 해

사랑처럼 이별 또한 그저 어려움이기를
쉽게 오지 못하도록 멀리멀리 둔다면

Cabo da Roca Portugal (유라시아 대륙의 끝)

그댈 잊어야 해
감춰진 눈빛의 비밀이 아파
가야 한다면 가야 한다면

그대를 보내야 해
자랑스럽게 기억해야 해
아름답게 잊어야 해

듣고 있니
이 모든 거짓 같은 지금
정말 안녕이라고
정말 안녕이라고

_ Parliament Buliding Ottawa Canada

_ GamlaStan, Stockholm, Sweden

알함브라 궁전, Granada downtown Spain

Legian Beach, Bali Island

04

The Persistence of Memory

안개 속 하루의 풍경

어느새 가을을 채 느껴 보지도 못하고
시간은 벌써 겨울을 향해 치닫고 있습니다
코끝 시린 찬 기운이 벌써 느껴지니까요
가을빛 거리의 풍경도 이젠 앙상함의 나뭇가지로 낯설지 않게 변해 가고 있어요
수북이 쌓여 있는 공원의 낙엽들도 이채로운 광경이 이미 아니니까요
겨울은 이미 우리 곁에 다가와 있었는지도 모르죠

살면서 문득 뿌옇게 서리가 낀 창을 지나오게 될 때
숨 가쁜 일상 속에서도 시선은 그 창 너머로 빼앗기기도 했습니다
내 시선을 잡고 있는 듯 며칠간 이채로운 광경이
나 역시 Misty 그 안개 속으로 촉촉이 젖은 물기 먹은 하루의 풍경이
새로운 세계에 와 있는 듯

서울의 하루는 안개 많은 런던보다 더 신비로웠습니다
늦가을의 아름다움에 흠뻑 빠져 있었습니다
가끔씩은 자연이 전해 주는 감동과 낭만을 주변에서 찾을 수 있길 바랄게요
여러분의 감춰진 감수성을 되찾을 수 있는, 작은 시간들이 꼭 함께 하길 바랄게요

여러분은 10년을 변함없이 우리의 만남을 기다리고 있었습니다
소중했던 기억을 간직해 주었고 예쁜 감수성의 소유자들입니다
여러분을 사랑합니다
여러분을 진심으로 사랑합니다

_ 안개비에 젖은 Wolfgangsee 볼프강 호수 Salzkammergut Austria

_ 안개 자욱한 중세 고성에서 Vienna Austria

_ Hallstattersee Salzkammergut Austria

_ Tatra Mts, Slovakia

X-MAS Night

19F 창밖으로 사랑하는 사람들이 쏟아졌다
연인이라 불리며 언제 어디서나 늘 한 몸
때론 사랑에 겨운 투정과 말다툼
사랑하기에 그 모습이 예쁘다

엄청 눈이 내려주어 온 거리의 높은 네온마저 다 감춰진다면
그 위로 그대 얼굴만 크게 그릴 수 있게
사랑했기에 이별 겨운 그리움이 찬란하다

어두워지면 어두운 대로 촛불을 밝혀야지
새벽이 당겨와 준다면 이젠 쉬고 싶다고 말할게
X-MAS Night 그저 높이서 지켜보며

Jungfraujoch Switzerland

Jungfraujock Switzerland

1月의 戀

우리 이렇게 함을
이제는 말없이 남겨두고 가자고
이제는 말없이 떠나보내 주자고
어떤 눈부신 말로 대신한다 하여도 들리지 않을 뿐야
서로를 향한 거짓 웃음 뒤로 가려진 칼날
함께했던 우리를 그리기엔 너무도 가슴 에게 해

여전히 내게 아름다운 빛이라면
구차한 입술은 버리고
커다란 눈망울만 눈부심에 눈물겹자

하얀 첫 눈이 내려 세상을 덮듯 침묵은 눈이 되어
앙상한 가지로 마지막 남은 작은 잎새 하나로 숨 쉴 수 있다면
하늘에 떠돌며 바람에 매몰차여 흔적조차 없기 전에
예감한 듯 뒷모습을 보여주자

마음으로 전할게 끝없이 사랑했음을…
서로가 가져야 할 추억을 안고
먼 훗날의 기약을 믿어볼게
하루가 태양을 삼켜 어둠을 남기듯
너와 나 삶은 타오르고 지는 매일의 태양의 모습임을…

The Splendor of the Setting Sun and The Plants, CA

Toward Sundown, CA

만남 그리고 10년간의 이별 I really appreciate your love…

I really can't thank you enough for your love and concern
I can't think of my past years without y'all Thank you for everything

어떻게 감사해야 할까요?
여러분의 끝없는 사랑
우리 벌써, 10년간의 긴 이별 속에서
이렇게 멀어진 거리만큼, 확인할 수 없어도 기억해내는 그런 커다란 힘을 느낍니다.
이미 익숙해진 특별한 친구들이니까요…

Christmas, Boxing Day… 땐 여러분을 만날 순 없었지만 외롭지 않으려고 노력했어요.
Canadian 친구들… Clara, Helen, Pat J , Mr. JamesJoyce…와 작은 파티를 했답니다.
선물도 준비하구요 서로의 고민을 얘기하는 시간도 가졌죠.
전 여러분에 대한 큰 그리움을 표현했답니다.

새해 복 많이 받으셨어요? 많이 늦은 질문이지만…
너무도 많이 새해 인사 보내주신 것 잘 확인했습니다.
Make new year's resolution? All the best to you!!!
지난해의 힘들고 고민스러웠던 일들은 묵은해에게 보내셨나요?
You'd better get this behind you
You've got a whole lot of life ahead of you!! ^^ 용기를 잃지 마세요.
언제든 여러분의 미랜 밝게 열려 있으니까요 제게 고민 얘기하시는 많은 분들…
수호천사가 되어 여러분의 아픈 고민을 함께 나누고 싶네요.

오늘은 Valentine Day!!! 초콜릿은 많이 받으셨나요? ^^
짧은 만남 긴 이별… 그건 바로 우리죠…
사랑하는 사람을 위해 뭔가를 준비할 수 있다는 건 커다란 행복일 것입니다.
아마도 제 팬들은 남학생이 많았던 걸로 기억하는데요… ^^
직접 초콜릿을 드릴 순 없어도 여러분을 위한 간절한 기도와 아름다운 음악을 약속합니다.

경제사정이 많이 어려워졌다는 뉴스를 듣고 마음 아팠습니다.
언제나 행복한 여러분의 모습만을 기억하고 싶기 때문입니다.
미래에 대한 고민과 취업난, 기업인이라면 경영난도…
크게 비관하거나 용기를 잃지 마세요.
힘겨울 땐 서로 의지하고 인내하며 융화하세요.

지금 힘든 순간은 긴 인생의 길에서 아주 작은, 한순간일 뿐이니까요.
캐나다는 전체 인구의 42%가 영국인, 프랑스인이 아닌 서로 다른 민족입니다.
마치 문화 모자이크처럼…
Canadian Multiculturalism Act "캐나다 복수 문화주의"라는 말이 있죠.
하지만 서로 동등한 기회를 부여 받고 이질감 없이 서로 융화되어,
행복한 삶을 살아가는 그런 복지 국가의 모습을 확인합니다.

우리나라의 미래는 바로 여러분의 몫입니다.
저를 기억하고 있는 여러분 또한 그 삶의 주인공입니다.

우리의 긴 이별은 수없이 많은 그리움을 낳고, 결코 망각할 수 없는 세계로 우릴 이끌었습니다.
여러분께 이별을 모르게 해 주고 싶었어요.
그 순수한 마음과 기도의 시간이 돌고 돌아서… 여기까지 우린 왔죠.
달라진 것도… 잊혀진 것도 하나 있지 않은…
언제나 여러분은 제 가슴 속에… 여러분의 가슴 속엔 제가 있었기 때문입니다.

시간이라는 친구를 지배했고 승리했어요. 앞으로도 그럴 것입니다.
그 영원함을 이미 알고 익혔기 때문입니다.
정말 행복한 사람으로 만들어 주었으니까요. 외로워하지 않을게요.
나의 소중한 친구를 위해 발렌타인을 준비했던 그 날이 바로 오늘이네요.
여러분들이 잠시 그때의 나로 돌아간 듯한 느낌을 알게 해줬네요.

여러분은 나의 영원한 연인입니다.
갤러리를 만들고 New Age 속 제 삶은 어느덧 많이 풍요로워졌어요.
여러분을 위한 좋은 선물을 준비할게요

날짜, 기후, 바람 향기에 특히 민감해진 것 같아요
보고픔이 커서 가슴이 아파요 아시나요?
여러분과의 이별로

Don't hesitate in doing anything good Great Everyone!!! I'm gonna miss you
When I get to London, I'll drop you a line
Take Care

고마움과 사랑을 나의 하느님과 여러분께 또한 바칩니다.

Crowfoot Glacier, Athabasca Glacier Columbia Icefield Canada

_ Athabasca Glacier Columbia Icefield Canada

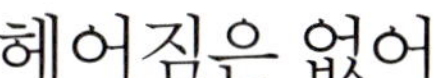

헤어짐은 없어

하늘이 오늘밤을 내려줘 참 고마워
늘 벗이 되어주는 밤하늘의 소중함도 알뜰히 들려주지 못한 채
낮은 숨소리 하루가 가네

별빛으로 내가 더 잘 보여
나와 함께하는 외로움은 버려둘 수 없는 친구 같아

헤어짐이란 이 세상에 없어
그대를 보내고 내 눈에 있지 않아도 더 많은 그대를 추억 속에서 만날 뿐

새로운 만남이 애틋하게 날 바라보아도
혼자 남겨질 것 같아 시작조차 두려워 마냥 외롭기로 해

그저 내 어깰 스쳐 지나는 바람을 닮아 있을 뿐
새 인연을 비껴 갈 뿐야

그 언제쯤일까
더 많은 세월이 흘러 이 모든 것이 흐릿해져 갈 때
그대마저도 안개쯤으로 기억하는 때가 옴을
벌써 그댄 알고 있었는지 이 모든 거짓 같은 사실을…

Bow Falls Banff Canada _

Victoria에서

고독할 땐 누구나 닮아 있어요 고독이라는 공통 언어를 쓰죠
낯선 바람이 살아가는 Victoria에서도
새로운 거리 향내로 숨 가쁜 Dublin에서도
오래 묵은 고독은 낯선 고독 앞에서 더욱 절실히 새로워

나 이제 나에게로 돌아와요 나의 자릴 지켜요
잠시 그대를 내가 없는 아름다운 그 곳에 두고서
더는 추억하려 하는 행위조차 그 사실조차 잊을 거예요
고단한 두 눈의 빈 자리를 내 콧노래의 자장가로 잠재울 거야

내가 그대를 느끼는 습한 가슴이 함께하는 한
그리움 앞에 무릎 꿇은 내 온 가슴을
희망으로 말려야 해요

Truly, the local expert!
528

쉼

그대의 나라에 가고 싶다…

그대의 나라에서 이제는 쉬고 싶다…

날 향해 있던 너

모든 것이 하나 같은 나날
구분조차 없기에 그 세월이 비웃듯 지나가 버린다

웃음 뒤 가려진 네 아픔을 난 알지 못했지
그 모든 것 날 향해 있던 너
아름다운 연기처럼 하늘로 올라가 버린 그리운 소리 듣고 싶어

오랜 기다림은 나
저 멀리 날아가 버리기엔 아직 못 다한 아쉬움이 후회로 서성이지

세월 속에 묻혀 아무런 흔적도 없이
더 이상 이별로 아파하지도 않는 그런 두려운 날은 오지 않길 바랄게
잔인한 이별 앞에 어제의 우리는 빛나고 오늘을 견뎌오는 내가 있었지

Karluv Most Praha Czech

Saint Lawrence (한국의 달빛을 닮은 하루)

이만큼 우리는 멀리야
낯선 공기의 향기와 삶을 만들어주는 터
모든 것이 이채롭지
이제는 우리 함께 가진 추억만큼
네가 갖지 못한 추억들도 나는 소유했단다

시간에게 나를 맡기고
너 없는 세상 속에서 이만큼 혼자로 지내 왔어
그 어느 날 한국의 달빛처럼 오늘이 정겨워

가는 빗줄기 사이로 혹 가려질까
여윈 달빛에 빗물이 가루로 날으고
더 가까이 따뜻하게 안아줄 수 없었기에 내 눈에서 안쓰러웠단다
Saint Lawrence River 그 거대함 속에서도
정겨운 한강의 푸른 달빛이 그려진단다

숨을 쉬고 또 숨이 멎을 듯 사랑했어
너를 많이 보내주며 오늘도 그 위에 내가 있었지

Mt. Kintamani Volcano, Kintamani, Bali Island

Mangrove Forest Lembongan Island Bali

_ Niagara Falls

The Persistence of Memory

How quickly all the years have gone by…!
But I can't get you out of my mind…

오늘도 내 안에 살아 숨 쉬고 있었다면
이렇게 많은 시간을 지나와 버린 지금 이 순간마저도
하나의 이름으로 내 안에 살아 숨 쉬고 있었다면
믿을 수 있을까요? 이 거짓 같은 진실을
사랑이란 이름으로 기다릴 수 있는 한계는 어디까지일까요?

나의 커다란 나무 나의 의지가 되어주시는 여러분
I'm so much obliged to you for your love…
이런 특별한 모습을 제게
이렇게 오랫동안 확인시켜 주시는 여러분께
어떤 충분한 표현을 해야 할까요?
시간을 지배하는 듯한 우리… 그 동안 함께 할 길을 잃었었던 것 같아요…
이렇게 헤어져 버린 이 어색한 모습들이 지금 우리를 대신하는 말인걸요

우리를 영원히 이어주고 있는 그건 무엇일까요?
왜 추억하시나요 저를…
끝없이 기다리며…

같은 시간, 같은 하늘, 같은 바람… 그것마저 주어지지 않는 먼 곳에서 …
모든 것이 정지되어 버린 듯
음악도… 추억도… 그리움도…

19살 어느 소녀의 그 때… 그 추억의 시간 속으로…
여러분의 감성, 한결같은 사랑, 변함없는 평화로움을 제게 보여주신 점 감사합니다.
사춘기적 기억을 성인이 된 지금도 잊지 않고 있는 점 너무 고맙습니다.
삶을 살아가는 여러분의 모습을 확인할 수 있어 저는 행복합니다.
이것 역시 우리 모두가 인터넷 세대이기에 가능한 일이겠지요

인터넷은 이처럼 놀라운 감동도, 또 그만큼의 헛된 얘기도, 그 예전처럼 존재하는 것 같아요 ^^
저의 안부가 너무나 궁금하다 못해 (여러분과 가까운 곳에 있질 못했고, 근황이 없었기에 아마도…), 제가 너무 아파져서 (불치병에 걸려서… 시력을 잃어버려서…) 죽어버렸다 (^^) 라는 등등 그 외… 얘기가 있더라고요… ^^ ^^ ^^
이건 영화나 드라마에서 자주 등장하는 얘기가 아니던가요? ^^ ^^ …
글쎄요… 전, 아직은 영화 속 비련의 여 주인공이고 싶진 않은데요 ^^
제 삶을 존중하니까요!

저의 안부와 건강 상태를 궁금해 하시는 분들이 많음을 알고 있습니다… ^^
저를 미국 영국에서 만나신 분들은 그 곳에서 거주하고 있는 걸로 아시더라구요
제가 있는 이곳은 캐나다입니다.
최근, 동부의 기후가 많이 나빠져서, 올핸 조금 많이 추웠던 것 같아요. 눈도 잦고요 ^^
이곳은 우리나라만큼이나 정말 아름다운 환경이 있는 곳입니다.
캐나다에선 무척 아름다운 겨울… 겨울다운 겨울이 존재하지요
벌써 이곳에서의 삶이, 시간이… 제 삶의 큰 부분이 되었습니다.
지나와 보면 제 음악에 대한 정체성, 제 자신에 대한 정체성… 스스로에게 질문합니다.
또한 제 자신에 대한 Dual Identity로 고민합니다
(시간이 갈수록… 이주자들에겐 더욱 그렇습니다. ^^)
또한, 제가 추구하는 음악은 국악이 아니기에, 제 음악에 대한 정의와 정체성을 찾기 위해 많이 고민했습니다
이렇듯, 시간은 빠르게 흘러 여러분과 같은 추억도… 또 다른 많은 추억도 갖게 해줍니다…

Manhattan NY, USA

최근, 런던에서 제 음반 마스터링과 타 가수 앨범 제작을 하고 있습니다.
이동이 많아서일까요? 조금 몸이 아팠었습니다.
하지만, 제겐 여러분이 있기에…(^^)
갤러리를 오픈하고 디자인, 건축… 제 삶 또한 진정한 예술의 의지와 열정이 더욱 커져 있어요. 그림 같은 세상을 꿈꿔 봅니다.

가창만을 위한, 자기 만족이 없던, 만들어지는 상품처럼, 인형처럼…
저는 그런 삶을 포기하고 싶었고, 그 삶을 떠나온 것입니다.
너무나 어릴 적부터 레코딩을 했고 (17살~) 데뷔를 한 저는 (19살)
너무나 쉽게 여러분의 사랑과 관심을 받았었죠.
쉽게 얻은 것처럼, 또 쉽게 무대를, 그 관심을 포기했었는지도 모릅니다.
빛나는 무대 뒤의 저는 언제나 외로웠고, 너무나 많은 대중의 관심이, 많은 얘기들이 부담스럽고 힘들었습니다.

그런 이야기 속 주인공의 한 가수이기보단, 진정한 한 음악인이고 싶었습니다.
이렇게 아무런 말도 없이 여러분을 떠나왔지만, (제 음악의 좋은 마무리도 없이…)
항상 제 가슴엔 여러분이 있었고 (죄송하고 많이 보고 싶었어요)
그 떠나온 과정에 대한 후회를 한 적은 없었습니다.
여러분을 떠나왔지만, 저는 더 큰 세상을 얻었고 제 소중한 삶을… 학업을…
소중한 사람들과의 우정, 사랑에 대한 좋은 추억을 갖게 되었기에 모든 것에 감사할 뿐입니다
더 큰 나의 세계를 알고 발견했으니까요 ^^

서울에서 몇 해 전 studio를 오픈해, 작업하기엔 아주 편리해졌어요
스튜디오 식구들이, 또 음악 동료들이 있기에 덜 외롭게 되었습니다.
그 곳에서 동료들, 후배들을 많이 보게 되었는데요. ^^
다들 "중학교 때 왕 fan이었습니다" 라고 인사하더군요… ^^ ^^
좀 더 어린 친구들은 초등학교 때… ^^
시간이 참 많이 흐른 것을, 그때 느꼈습니다. 여러분도 역시 그렇잖아요. ^^
이제 아주 많이 성인이고 또한 멋진~ 예쁜~ 신사, 숙녀들이 되셨을 거예요 ^^
서울의 시간은 오늘이 Valentine Day죠?^^
제 메시지가 여러분께 작은 선물이 되길 바랍니다.

최근엔 드라마 음반과 신인 R&B 그룹을 프로듀스했습니다.
저와 많은 작품자들, 연주자들, 대거 참여한 음악인들의 노력과 열정에 비해 (괜찮은 음반 ^^) 판매량은… 사실 기대 이하였지만(^^ Break-even point : 손익분기 정도… ^^)
That's the way it goes, Maybe I'll have better luck next time… ^^
이렇게 내게 얘기했답니다. 보람 있었습니다.

그때, 우리나라 가요계 음반 불황 현실을, 직접 피부로 느꼈답니다.
사실 음악인으로 슬픈 현실이었어요
이제 가요계엔, 더 이상 CD 시장이 존재하지 않는다는 걸… T.T...
가요곈 지금이, 뭔가 해결점을 위한 '과도기' 인 것 같습니다.
우리 곁의 너무나 쉽게 음원을 취할 수 있는 MP3는, 과연 어떻게 받아들여야 할까요? (여러분의 생각을 묻고 싶습니다…)
이 모든 현실을 간과하지 않고, 많은 것의 format이 바뀌고, 새로워져야 함은 옳은 일일 테지요
새로운 해결책을 위한 어떤 중요한 형태의 새 '매개체' 가 절실히 필요한 것 같습니다.

Facebook.com/
W 47 ST
FATHER DUFFY
71608
DOWNTOWN LOOP
Truly, The Local Expert!

제가 너무나 좋아하는,
영국 브리티시 그런지 밴드 'Muse'의 리더- Matthew James Bellamy의 인터뷰 내용 중
저와 비슷한 의견을 피력했던 걸 떠올려 봅니다.
한때 영국에서 싱글 앨범을 발매하지 않고, 인터넷으로만 공유했던 적이 있었습니다.
그 이윤, Muse의 팬들 때문이지요.
뮤즈의 팬들 중엔 인터넷을 이용하는 사람들이 정말 많고,
그들을 위해 인터넷상으로 새 노래를 공개하면 어떨까 하는 생각을 했었다고요
미랜, 모든 매체가 인터넷으로 기울지 않을까 생각합니다.
아마 음악을 듣는 매개체도 CD가 아닌 MP3가 되는 세상이 올 거라는 (이미 온 건지도 모르죠. ^^)…
음악은 내 삶의 유일함이고 내 삶의 돌파구이다… 라고… ^^
MP3가 방해물이 아닌, 어떤~ 함께 시도돼야 할 형태로, 좋은 도움을 준다면 좋겠습니다.
인터넷 강국인 우리나라… 우리 가요계는 어떻게 해야 할까요?^^

최근 보이 밴드 R&B 그룹 프로듀스 했습니다.
후배들에게 작은 도움이 될 수 있어 기뻤습니다.
또한 제 생각, 감성 등을 다른 사람들에게 일치시킬 수 있다는 게 좋습니다.

이것 역시 인터넷 세대이기에 가능한 작업이겠지요.
Sound를 전하고 가사를 주고 monitor를 하고, 이것 역시 모두 인터넷을 이용하니까요
제가 함께 있지 않아도, 서울의 스튜디오에 MIDI Interface로 Processor로
Sound Module(음원)의 전송이 자유롭게 됩니다.
표현하는 음악들이 MIDI Soft Sampler, MIDI Sequencer 등
모든 음악 장비의 인터페이스로 연결되니, 온 세상이 하나입니다 ^^
물론 실제 연주는 직접 하지만요
보이 밴드 음악은 제 음악과 좀 다르고, 가사 또한 조금 Straight talk (직설 화법)입니다. ^^
그리고 그림이 그려지는, 영상미를 느낄 수 있는, 영화적인 음악, 자연주의적인 성향까지도… 느낄 수 있습니다.
기대해 주세요.(그들은 좋은 감수성과 영혼의 목소리를 가지고 있으니까요… ^^)

_ Pearson International Airport CA

그리고 요즘은 제가 활동하던 때와 너무나 다르게도, 레코딩 과정이 아주 발달해서 정말 많이 부러웠습니다.
지금 데뷔했었다면, 더 좋았을 걸… 하구요 ^^
그들은 아직 어려서 (19살~) ^^ 사실 17살 때 '1집' 앨범 녹음하던 어린 시절 저와
문득 혼자서, 비교를 하곤 했답니다. ^^

제가 녹음했던 90년대는 지금처럼 레코딩 기술이 발달되지 않았었고, 또한 프로듀서의 개념도 정확히 있지 않았던… 어떤 '과도기의 한 때' 라고 볼 수 있겠죠.
그 후로 많은 발전을 거듭했고, 그건 좋은 음악인들의 사랑과 열정의 흔적일 것입니다.

마냥 어리고, 작은 목소리의 소녀였지만, 제 의견을 피력할 줄 아는 그런 사람이었습니다. ^^
노래뿐 아니라 작곡, 작사, 스타일리스트까지… '1인다역' 을 해야 했던…
하지만, 더없이 즐거운 추억입니다
요즘 후배들은 다들 R&B 창법을 구사하고, 프로듀서의 역량이 커서인지,
가수들의 '가창 외 참여도' 는 되게 낮은 것 같습니다
그 점이 아쉬웠어요. 좀 더 스스로 참여도를 높이고, 열정을 표현한다면 더… ^^

90년대 초는 이웃나라 일본 음악의 영향이 사실 컸었죠. 일본 문화가 개방되기 전이죠
일본 문화, 음악, 방송, 드라마가 음성적으로 파급됐었고, 사운드나 스타일, 이미지, 방송 프로그램 등을 카피하는 경우도 많았죠. ^^
하지만 이젠 반대로, 한류로 인해 우리 음악, 드라마, 영화, 문화가 중심이 되었다니 기쁠 뿐입니다

The plans are coming along very well. ^^ It sounds good to me… ^^
I'm quite willing to come with You …….

I love you with all my heart…
Wish you to find Peace & Love in God…

It looks like it's going to rain…
Mainly Cloudy Toronto…

Love,

Soobin… ^^

Misty Islands & Den Lille Havfrue 인어 공주 상, Copenhagen Denmark

추억은 안개 빛으로

창밖으로 세월이 지나는 하늘이 보여
흘러가는 구름은 한숨 쉬는 바람은 너

세월은 쉬이 지나
강물에 뿌려지는 영혼의 가루처럼 추억을 흩어지게 하고

지키지도 못한 남겨진 약속처럼 어색함의 이름으로
그 언젠가 우리 마지막 의식처럼 추억을 가슴에 묻으라 하네

많은 날들이 지나고
우연한 해후도 꿈꿀 수 없도록 다신 볼 수 없는 나라…
모두를 데려갈 뿐

내 마지막 사랑… 추억하기
젖은 안개처럼 멀리 사라지게 하네
모두 안녕…

_ 호엔 짤츠부르크 성 Festung Hohensalzburg, Salzburg, Austria

swatch
GLASSWORK
HERMÈS
HERMÈS
PARIS

- Stadshuset에서 바라본 Riddarholmskyrkan, Stockholm Sweden

- Gyllene Salen Stockholm Sweden

Saint Lawrence River in American Territory _

_ 화산섬 Kintamani Volcano, Kintamani Bali

어느 고독이 깊은 날에

익숙한 Queen's Park 그 곳을 거닐 듯 편안히 가고 있었지
보고픔은 보고픈 대로
외로움은 외로운 대로 그저 그렇게 내버려 두듯

고독은 널 대신한 내 사랑이었음을
무엇을 찾아 헤맨 걸까
고단한 몸짓 속에서 이젠 이 모두를 인정하라고

한여름의 소나기처럼 무지개를 피우듯 살고 싶었는데
웃는 일조차 난 힘들었다고
후회 없이 너를 그리워했지

강물로 흩어질 한줌이 우리일 텐데
모두의 끝이라는데

뒤쳐진 길에서 더없이 빠른 걸음 한 채 영혼으로 앞선 사람 되어가고 있었지
너와 함께 눈 감겠다던 약속은 지키지 못할 것 같아
너의 따뜻한 품속에서 잠들고 싶었는데

어느 고독이 깊은 날에…

Jimbaran Beach, Bali Island

Dream Beach, Lembongan Island

Bergen Norway

Childhood Remembered

You are my dearest love… ^^

God sent you to me from above… You know that ? I want you to know how much I care… You'll stick around there a little bit longer and wait for me…

여러분 너무나 감사합니다… 이렇게 긴 시간 동안 묵묵히…

하나의 마음, 하나의 추억, 하나의 회상… 변함없는 아름다운 발견 이었습니다…

수많은 날들이 지나… 많은 별들이 돌고 돌아… 이렇게 다시 완전한 Full Circle…

어쩜 그 긴 시간은… 그 먼 거리는… 이미 우릴 가까이… 부르고 있었는지도 모릅니다…

우리가 함께 해야 할 그 시간들을 조금씩 이끌어 준 것일지도 모릅니다…

그 추억은 우리의 삶과 사랑, 그리움에 대한 성찰이 얼마나 다채로운 깊이와 크기를 가졌는지 확인해 주었습니다…

아득히 먼 곳으로 사라져 버린 제가 있었을 뿐…

여러분에게 제 소녀기적 그 모든 것은 어떤 의미였던가요?

마음 속 그 안에서만 살아 숨 쉬는 영원한 소녀… 누나, 언니, 여동생이었던가요?

여러분 또한 사춘기적 그 모든 것… 그 추억을… 너무나 순수하게 간직해 오셨어요…

그 누구도 이런 소중한 시간들은 확인할 수 없을 것입니다…

저는 이 세상 가장 행복한 사람입니다…

여러분으로 인해 매일 가슴 벅찬 마음을… 그 소중한 발견을 확인했으니까요…

제게 언제나 절대적인 힘과 의지가 되어주시는 여러분을…

이렇게 멀리서 느끼고 사랑하고 있습니다...

여러분이 이 글을 확인할 즈음엔 전 Vienna에서 New Jersey로 향하고 있을 것입니다…

_ Athens International Airport

Oia, Fira Santorini Greece _

저의 오랜 여정은 여러분께 그리움이라는 소중한 친구를…
아름답게 간직할 수 있는 어떤 거대한 힘을… 우리에게 주었습니다…

여러분 많이 그립습니다… 여러분 곁으로…
여러분이 숨 쉬는 나라… 그 곳에 가까이 가고 싶습니다…
여러분의 세상에 함께 있고 싶습니다…

소녀기적 저의 그 모든 것을… 그 모든 시간과 추억을 이렇게 아름답게 지켜주셔서 너무나 감사합니다… 진심으로 마음 깊은 곳에서 우러난 사랑을… 표현합니다…
저는 그 아름다운 사랑에 보답하고 싶습니다…
영원하고 유일한 저의 사랑인 여러분을 위해…
그 동안 함께 하지 못했던 그 모든 나의 세계를 찾아 떠난 오랜 여정의 그 끝에서… 여러분을…
만나고 싶습니다…

_ 돌마바흐체 궁에서 바라본 Bosphorus 해협 Istanbul Turkey

_ Citadella 시타델라 요새, Budapest

_ Duna 강변의 Orszaghaz, Budapest Hungary

안개비 내린 날 Bergen, Norway _

바람을 지나 대양을 건너…

긴 시간 어떤 삶의 Sailing을 했던 것 같습니다…

자유와 사랑의 메시지, 제가 받은 감동을 되돌려 드리겠습니다…

여러분의 사랑으로 제 안의 열정과 알 수 없는 에너지가 생기게 되었던 것 같습니다…

이렇게 거대한 사랑… 우리의 추억… 우리의 성장… 우리의 존재…

모든 것이 소중할 뿐입니다…

제게 끝없는 사랑과 힘을 주시는 여러분을…

저는… 영원히… 잊지 못할 것입니다…

사랑합니다…

Wish you to find peace & love in god…

Love,

Lisa…

November 23rd, at 9:17 am…

_ Basilica di San Pietro 싼 삐에뜨로 대성당 Vatican

_ Tears of Dragon, Lembongan Island, Bali

사랑은 위대하다

우주 속 작은 생명체 그것은 우리
탄생과 더불어 행복 또 그만큼의 고통도 모두 함께 하는 길이야

사랑은 위대하다 우리는 자연의 한 부분
누군가의 부름으로 다시 되돌아가는 것
영원과 무한의 세계로 다시 태어나는 것

저 바다 속에서 부서지는 파도는
사라지는 작은 물거품일 뿐
그건 너와 나

삶이란 마지막 순간으로 향하고 있는 것
사랑 없는 영혼들이 두려움에 떨 뿐
충분히 아파야 해요

이제 난 혼란을 몰라요 잔잔한 그 물결처럼
그리고 그 위로 평화로운 내가 있어요
그 영원 속으로

Monte Solaro 몬떼 솔라로에서 내려다본 지중해와 Capri 섬, Ana Capri, Italy

Island (내 그리운 나라)

기억하나요 오래 전 그 날 이처럼 눈부신 햇살
그대가 숨 쉬는 곳 그 나라에도 모두 여전한가요...
시간을 지배하듯 Siena Vienna Nanaimo··· 한결같은 그 모습처럼

아직도 잊지 못해 어디에도 숨겨지지 않는 그댄 어떻게 해야 하나요
난 갈 수가 없는 곳 아무리 간절히 원해도···

나를 또 나만을 사랑했나요 너무 사랑했나요 말해 줘요
이곳에 더는 허락된 우린 없나요
가지 말아요 멀어지지 마요 죽음보다 더 깊은 사랑 앞에···

이대로 여기 이곳에 남아 아직은 추억할게요
내 곁에 없다 해도 함께 있는 듯 그 모든 걸 느껴요
그대의 나라 그대의 세계 그대를 만나듯 내 발길 머문 곳 Island ···

이길 수 없는 이별인가 봐요 아무리 애를 써 봐도
사랑을 사랑으로 우리 이제는 더는 말할 수 없네요
고요한 나라 평화로운 그대의 세계··· 그대 역시 나를 그리워했나요

어디도 닿지 못해 젖은 맘이 흘린 눈물 물결로 되돌릴 뿐
나에게 주어진 그 사랑 지키고 싶었죠···

나를 또 나만을 사랑했나요 너무 사랑했나요 말해 줘요
이곳에 더는 허락된 우린 없나요
가지 말아요 멀어지지 마요 함께한 약속 영원을 믿어요···

지금도 손 내밀면 만져질 듯 그대 체온, 눈물까지도···
내 맘이 내 온 몸이···
그댈 기억해···

사는 동안엔 날 잊고 지내요 내가 더 아플게요 그댈 위해
내게로 다시 돌아올 길이 없다면
아주 아주 먼 시간에 만나요
수많은 별들이 돌고 돌아 그때 즈음
물거품으로··· 만나면 돼요···

Tears of Dragon , Lembongan Island, Bali Indonesia

NEW AGE 영상 POETRY
La Stella… 그리움은 아름다운 별이 되어…
•
사진·글 / 하수빈

펴낸이 / 김재엽
펴낸곳 / 한누리미디어
디자인 / 지선숙
•
121-840, 서울시 마포구 서교동 395-13 서원빌딩 2층
전화 / (02)379-4514, 379-4519
Fax / (02)379-4516
E-mail/hannury2003@hanmail.net
•
신고번호 / 제300-2006-61호
등록일 / 1993. 11. 4
•
초판1쇄 발행일 / 2010년 11월 15일
•

값 19,000원
•
잘못된 책은 바꿔드립니다.
저자와의 협약으로 인지는 생략합니다.
ISBN 978-89-7969-376-8 03660
•